Mafalda 7

Lumen

¡¡ESTE LIBRO FUE EDITADO POR
"PENGUIN RANDOM HOUSE
GRUPO EDITORIAL, S.A. DE C.V."
BLVD. MIGUEL DE CERVANTES
SAAVEDRA 301, PISO 1,
COL. GRANADA, 11520, MÉXICO, D.F.
www.megustaleer.com.mx!!

© Joaquín Salvador Lavado, Quino ISBN: 978-607-31-2182-8 Vol. 7. 1era. edición, 1era. reimpresión.

-"Juro que no morí"
Paul Mc Cartney

DECÍME, LA "GENERACIÓN QUEMADA" DE LA QUE SE HABLA TANTO......

...NO TIENE NADA QUE VER CON LA NUESTRA ¿NO?

NO, NOSOTROS VINIMOS DESPUÉS

AH,¿Y ENTONCES, CUANTO SE SUPONE QUE NOS FALTA PARA EMPEZAR A CHAMUSCARNOS?

LO LINDO DE UN AÑO NUEVO ES QUE VIENE TODO LLENO DE DÍAS SIN ESTRENAR

ES COMO EMPEZAR A ESCRIBIR EN UN BLOCK CON TODAS SUS HOJAS LISITAS Y EN BLANCO ¿NO?

SÍ, LA ÚNICA PENA ES QUE HAYA TANTOS CODOS ROZANDO EL TINTERO

ANOCHE LE PEDÍ A MI PAPÁ QUE ME EXPLICARA UNAS DIVISIONES

AH, LAS QUE NOS DIO AYER LA MAESTRA, ¿NO?

MAL HECHO, MAFALDA; DEBISTE PEDIRME A MÍ QUE TE LAS EXPLICARA

NO. LAS QUE HAY ENTRE RUSOS Y CHINOS, Y ÁRABES E ISRAELÍES, Y NEGROS Y BLANCOS, Y......

CIGAR'S

RUBIOS TIPO AMERICANO

¿SERÁN IDEAS MÍAS, O REALMENTE SE ESTÁ PONIENDO PESADA ESTA MANÍA DE EXTRANJERIZAR PALABRAS?

Don Manolo, el almacén de categoría, no tiene lentejas

sino Lenteja's

FUME "MONSTER'S 81"....

¡Y DALE!

...KING-SIZE **NA-CIO-NAL**, ÚNICO..

¿CON HUMO EN CASTELLANO?

...CON COMPLET-FILTER

AH...

Milis Phorris
20 FILTER TIP CIGARETTES

¿CÓMO PUEDE UN PAÍS LLEGAR A PERDER ASÍ SU SOBERANÍA PULMONAR?

HOLA, GUILLE, ¿CÓMO TE VA?

¡ÍTI, ÍTI! ¡BRRZS-DÁ-DÁ-AJGO'!

¡GÜÍG-APBÚÚÚ BADABADZZS ÑUÍIIGJJH!

BAPU... MÑÑ...

¡POBRECITO,... QUÉ MAL MANEJA TODAVÍA SUS RELACIONES PÚBLICAS!

¡DLONG!

TOMÁ, PERO NADA DE VOLVER A TIRARLO

¡DLONG!

NO EMPECÉS DESDE YA A DESPILFARRAR REBELDÍA, ¿EH?..... MIRÁ QUE LUEGO TE VA A HACER FALTA PARA CAUSAS MENOS PAVOTAS

PAPÁ, ¿QUÉ ES ESO DEL *DERECHO DE AUTODETERMINACIÓN DE LOS PUEBLOS?*

ES EL DERECHO, QUE TIENE CADA PAÍS DE GOBERNARSE A SÍ MISMO COMO MEJOR LE PAREZCA

¡QUÉ TIEMPOS AQUÉLLOS!

¿TE ACORDÁS, CUANDO LOS CUENTOS ME LOS CONTABAS ANTES DE DORMIRME?

MI PAPÁ DICE QUE CADA PAÍS TIENE EL DERECHO DE GOBERNARSE A SÍ MISMO COMO MEJOR LE PAREZCA

EL PAPÁ DE MAFALDA DICE QUE CADA PAÍS TIENE DERECHO DE GOBERNARSE A SÍ MISMO COMO MEJOR LE PAREZCA

¿ESO DICE?

ESO DICE

PAPÁ, ¿ES VERDAD QUE.......

TU PAPÁ TIENE RAZÓN, MAFALDA; NUESTROS PAPÁS TAMBIÉN DICEN QUE CADA PAÍS TIENE DERECHO A GOBERNARSE COMO MEJOR LE PAREZCA, ASÍ QUE....¡ES VERDAD!

¡MIREN CÓMO VENIMOS A DESCUBRIR QUE LAS AGENCIAS NOTICIOSAS SE MANEJAN CON LOS LIBRETOS DE UN SÁDICO EMBUSTERO!

....Y ÉSTAS FUERON LAS NOTICIAS INTERNACIONALES

¡TODAS MENTIRAS! ¡NI TAL NACIÓN TIENE SOMETIDA A TAL OTRA, NI TAL PAÍS TRATA DE IMPONER NADA POR LA FUERZA A TAL OTRO!¡CUENTEROS!

¡TIK!

¡PORQUE MI PAPÁ ME DIJO QUE CADA PAÍS TIENE EL DERECHO DE GOBERNARSE COMO LE PAREZCA! ¡Y LA MAESTRA ME ENSEÑÓ QUE LOS DERECHOS HAY QUE RESPETARLOS!

¡Y NI MI PAPÁ NI LA MAESTRA DORMIRÍAN TRANQUILOS SABIENDO QUE INCULCAN COSAS QUE NO FUNCIONAN!

¿QUÉ PASA? ¿QUÉ TOMAS?

¿EHÉ? ¡AH!... NNNADA, AGUA NOMÁS

NERVOCALM

AH, ¿TENÉS PASTILLAS, SUSANITA?

MSÍ

EH,.... SON UN REMEDIO,..¿SABÉS? ME LAS RECETÓ EL DR. PORQUE ANDO CON QUÉ SÉ YO

¿ALGUNA INSUFICIENCIA EN LAS GLÁNDULAS DEL SISTEMA CONVIDATORIO?

¡QUÉ ELEGANTE, MANOLITO! ¿ADÓNDE VAS?

A PEDIRLE UN PRÉSTAMO A UN SEÑOR PARA EL ALMACÉN DE MI PAPÁ

¿Y CREÉS QUE TE LO DARÁ?

¡POR SUP...

Regresó a EE. UU. el presidente del Bank of America

¿NO PODRÍA DARSE UNA VUELTITA MAÑANA?

AH, MAFALDA, ESAS REVISTAS QUE PROMETÍ DEVOLVERTE HOY,......

MAÑANA, ¿EH?

¡PERO VIEJO! ¿POR QUÉ NO VAS AL DENTISTA?

JUSTAMENTE PIENSO IR MAÑANA, MIRÁ

SI NO FUERA POR EL *MAÑANA*, ÉSTE SERÍA EL PAÍS DEL MAÑANA

¡JHÁ! ¿TE IMAGINÁS TODO LO QUE VAMOS A VER DE AQUÍ A DOSCIENTOS AÑOS?

DE AQUÍ A DOSCIENTOS AÑOS DUDO QUE ESTEMOS VIVOS, MIGUELITO

¡ANDÁ!... ¿PENSÁS HACERLE LA RABONA AL FUTURO JUSTO CUANDO SE PONE INTERESANTE?

¡ALEGÓRICA, LA SEÑORA!

A VECES NO ES LINDO SER CHICO, CLARO, PERO LO BUENO ES TENER TODA LA VIDA POR DELANTE, ¿TE DAS CUENTA?...¡A UNO LE ESPERA **TODO**!

ESTUDIAR, RECIBIRSE, TRABAJAR, CASARSE, TENER HIJOS, PROGRESAR....

LLEGAR A SER UN SEÑOR MADURO, LUEGO TENER NIETOS....Y EN FIN, TODO LO DEMÁS!

¡NO!...¡AL ASILO NO!

MIRÁ, MAFALDA, ¿NO TE RESULTA MARAVILLOSO ESTAR **AQUÍ** EN WALL-STREET Y VER PASAR POTENTADOS TAN FINOS Y ELEGANTES?

¡ÑÚ-ÑÚ!

LOS CHEQUES DE TUS BURLAS NO TIENEN FONDOS EN EL BANCO DE MI ÁNIMO

PERDONAME, SUSANITA, PERO LA VERDAD ES QUE NO ESTUVISTE MUY BIEN CON MANOLITO, Y NO TOMES A MAL QUE TE LO DIGA

¡POR FAVOR!..

¿CÓMO VOY A TOMARLO A MAL? LA VERDAD HAY QUE SABER ACEPTARLA CUANDO VIENE EN BOCA DE UNA AMIGA COMO VOS

NUNCA LO HABÍA NOTADO....¡TENÉS UNA BOCA HORRIBLE, POBRE MAFALDA!

985

ES QUE NO QUEREMOS EMPEZAR LA PRIMAVERA AMARGÁNDONOS

¡QUÉ LINDA ES LA PRIMAVERA! LOS ÁRBOLES YA TIENEN SUS PRIMERAS HOJAS

LA PLAZA ESTÁ LLENA DE FLORES Y MARIPOSAS

LOS PÁJAROS PÍAN ALEGREMENTE EN SU NIDO, EL AIRE ES MÁS TEMPLADO, LOS DÍAS COMIENZAN A SER MÁS LARGOS,

LAS NOCHES MÁS CORTAS Y LA GENTE CAMBIA SUS ROPAS INVERNALES POR OTRAS MÁS LIVIANAS Y COLORIDAS Y...

986

...QUIÉN CUERNOS LE QUITA A UNO ESTA ALIENACIÓN ESCOLAR?!

EN UN BANCO POR ALLÍ HABÍA UNA SEÑORITA SENTADA

Y CADA SEÑOR QUE PASABA LA MIRAAAAABA....

ASÍ LA MIRABA

Y COMO YO NO ENTENDÍA PORQUÉ, ME SENTÉ ENFRENTE Y ESTUVE COMO MEDIA HORA MIRÁNDOLA A VER SI ME ENTERABA QUÉ DIABLOS TENÍA

¿Y?

Y TENDRÍA ALGO EN LO QUE DEBO SER ANALFABETO, PORQUE ME ABURRÍ UNA BARBARIDAD

¿NO SE NOS ESTÁ ABURGUESANDO DEMASIADO?

JUGUEMOS A QUE ÉRAMOS DOS SEÑORAS COMO MI MAMÁ Y TU MAMÁ, ¿EH?

¡ESO!... Y...

...QUE NOS REUNÍAMOS A TOMAR TÉ Y CHARLAR COMO CHARLAN LAS SEÑORAS

BUENO....

VEAMOS....

¿QUIÉN DICE LA PRIMERA ESTUPIDEZ?

¡AY, AY, AY! ¡CÓMO HEMOS CHARLADO! ¡Y QUÉ RICO ES SU TÉ, SEÑORA MAFALDA!

GRACIAS, SEÑORA SUSANITA

Y DÍGAME, ¿TIENE ALGÚN CHIMENTITO SOBRE QUÉ NOS TRAE LA MODA PARA ESTA TEMPORADA?

BUENO, SEGÚN HE LEÍDO....

....PARECE QUE SE SIGUE LLEVANDO MUCHO LA INJUSTICIA, CLARO QUE CON UNAS BESTIALIDADES AL BIES MUY MONAS, ESO SÍ

¡NO SÉ PARA QUÉ ALGUNAS SE METEN A JUGAR A LAS SEÑORAS SI LUEGO NO SABEN MANTENER LA IDIOSINCRASIA!

¡SORPRENDENTE! ¡MI DEDO ES MÁS GRANDE QUE LA TORRE DE AQUELLA CASA!

¿SABÉS POR QUÉ LO VES MÁS GRANDE, MIGUELITO?

¡CLARO!

PORQUE EL DEDO ES **MÍO** Y ME IMPORTA MUCHÍSIMO MÁS QUE LA TORRE

¡SLURB! ¡SGLÚG! ¡SLURB!

¿TERMINASTE **TODA** LA SOPA, MAFALDA?

¡PUÁÁGH! ¡SÍ!

¡AH, LA QUE HABÍA EN EL PLATO SÍ, PERO LA QUE TE QUEDÓ EN LA CARA NO! ¡LIMPIATE!

NO TE PREOCUPES

PEOR VA A SER CUANDO UN PSICOANALISTA TENGA QUE LIMPIARME LA QUE ME ESTARÁ QUEDANDO EN EL SUBCONSCIENTE

MAMÁ ¿VOS CREÉS QUE CHINA COMUNIST... ¡LO QUE CREO ES QUE DEBERÍAS OCUPARTE DE COSAS DE TU EDAD! ¡¡ESO CREO!!

¡QUÉ LINDO! ¡QUE LINDO!

YA ESTÁ

¿VOS CREÉS QUE CHINA COMUNISTA...

TU MAMÁ TIENE RAZÓN; DEBERÍAS DEDICARTE UN POCO MÁS A COSAS DE TU EDAD, ¿VAMOS A JUGAR AL BOWLING ¿EH?; O AL "METEGOL"? NO, DEJÁ, A ESOS JUEGOS NO...

¡CLÁNG! ¡CLÁNG! ¡CLÁNG!

ESTOS SON MÁS PAVOTES, PERO TIENEN LA SIMPLICIDAD DE LOS CLÁSICOS

QUIERO MOSTRARTE LA ESPADA QUE ME HICE

MIRÁ QUÉ LIN.....

CLARO, ES QUE ESTE CLAVO NO SIRVE

TENDRÍA QUE HABERLE PUESTO UNO DE ESOS QUE TIENEN VUELTITAS Y PEINADO CON RAYA AL MEDIO, ¿LOS CONOCÉS?

HOLA, FELIPE ¿QUÉ TE OCURRE?

NADA, QUE EN VEZ DE HACER LOS DEBERES ME PASÉ EL TIEMPO LEYENDO HISTORIETAS

Y LO PEOR ES QUE NO DISFRUTÉ LAS HISTORIETAS SABIENDO QUE **TENGO** QUE HACER LOS DEBERES

Y RESULTA QUE AHORA ME ENTRA LA ANGUSTIA PORQUE TODAVÍA NO LOS HICE

¿Y POR QUÉ NO VAS Y LOS HACÉS DE UNA VEZ?

ENSEGUIDA, ENSEGUIDA; YA QUE NO DISFRUTÉ LAS HISTORIETAS DEJAME AL MENOS DISFRUTAR MI ANGUSTIA

CUANDO NO SON LOS DEBERES ES OTRA COSA, LA CUESTION ES QUE FELIPE SIEMPRE BUSCA MOTIVOS PARA ANGUSTIARSE

BUENO, YO DIGO ESO DE FELIPE, PERO ME PARECE QUE QUIEN MAS QUIEN MENOS TODOS SOMOS UN POCO COMO ÉL

PORQUE FRANCAMENTE, SI PARA SABER MANEJARSE A UNO MISMO HUBIERA QUE RENDIR EXAMEN....

¿QUIÉN ES EL MACHITO QUE TENDRÍA EL CARNET?

¿QUÉ HACÉS AHÍ CON ESA CARA? VENÍ, VAMOS A CHARLAR UN RATO

ANOCHE MI MAMÁ SE PUSO A HABLAR DE LO QUE HABÍA GASTADO EN EL MERCADO

ENTONCES MI PAPÁ DIJO "¡QUÉ BARBARIDAD!" Y QUE ÉL HABÍA TENIDO UN DÍA MUY MALO Y LE DOLÍA LA CABEZA

CLARO, DIJO MI MAMÁ, A VOS SIEMPRE TE DUELE LA CABEZA CUANDO TE HABLO DE...

SALUD, PAR DE ORIGINALES

PARECE QUE LE FUERON MAL LAS COSAS....

....Y NO TIENE DÓNDE CAERSE MUERTO

ESTARÁ POCO INFORMADO; HOY EL MUNDO OFRECE TODA UNA GAMA DE LUGARES PARA ESO

¡AH, NO! ¡A MÍ EN TU PESIMISMO NO ME ENGANCHÁS!

¡YO SOY UN CONVENCIDO DE QUE EL MUNDO SE ARREGLARÁ!

¿CUÁNDO?

¡EL DÍA QUE DESAPAREZCAN LOS QUE LO MANEJAN MAL!

¡PERDÉ CUIDADO, FELIPE! ¡ESE MISMO DÍA YA APARECERÁ ALGUIEN DISPUESTO A RECOGER LA ANTORCHA DE LA BESTIALIDAD!

JÁ-JÁ JÁ-JÁ

¿QUÉ ES ESO, MANOLITO?

NADA, QUE HOY EN LA CLASE DE GEOMETRÍA SAQUÉ UN DOS

Y SI UNO NO TOMA LOS CONTRA-TIEMPOS CON UN POCO DE HUMOR ESTÁ REALMENTE FRITO

JÁ-JÁ-JÁ JÁ-JÁ

POCA FE PARA SALIR DE LA SARTÉN

¡YO SE LO PREGUNTO! ¡YO VOY, SE LO PREGUNTO Y QUE SEA LO QUE DIOS QUIERA!

DÍGAME, AGENTE, ¿ES CIERTO LO QUE DICE MI MAMÁ, QUE SI YO.... SI YO NO.... ¡BUEH!... LO DE LAS MANOS SUCIAS, LA COMIDA Y TODO ESO...... USTED A UNO SE LO LLEVA...... ...Y LO METE..... ¡EN FIN!... ¿EHÉ?

¡ANDÁ Y DECILE A TU MAMÁ QUE LA POLICÍA ESTÁ PARA COSAS ALGO MÁS IMPORTANTES QUE ESAS!

EMPIEZO A ENTENDER ESO DEL RESPETO A LAS INSTITUCIONES

ME PREGUNTO POR QUÉ UNA MUJER NO PUEDE LLEGAR A PRESIDENTE DE LA NACIÓN, POR EJEMPLO

SECRETO DE ESTADO

AH

¿TE IMAGINÁS A UNA MUJER PRESIDENTE DE LA NACIÓN, FELIPE?

¡DIOS NOS LIBRE!

¡MIRÁ, PARA QUE SEPAS, LAS MUJERES SOMOS MÁS INTELIGENTES QUE LOS HOMBRES! ¿OÍS?

¡Y MÁS BUENAS Y NOBLES! ¿SABÉS?

¡Y MÁS DULCES Y TIERNAS! ¿ENTENDÉS?

¡DESPUÉS DICEN QUE LAS MUJERES SON DIFÍCILES DE ENTENDER!

ME REVIENTAN LOS TIPOS QUE PIENSAN QUE LA MUJER ES *INFERIOR*

SERÁ QUE, MÁS QUE NADA, LA VEN EN TAREAS DOMÉSTICAS

¡Y BUENO, ES QUE PARA ESO ESTAMOS LAS MUJERES! ¡AL FIN DE CUENTAS UNA MUJER QUE NO COCINA, QUE NO PLANCHA, QUE NO LAVA, NI LIMPIA, NI NADA DE ESO, ES **MENOS** MUJER, QUÉ DIABLOS!

AH, SEGÚN VOS, UNA MUJER QUE TENGA COCINERA, LAVANDERA, MUCAMA Y DEMÁS, ¿ES POCO MUJER?

¡MOMENTITO!... UNA COSA ES LA *MUJEREZ* Y OTRA EL STATUS

CLARO..... LO MALO ES QUE LA MUJER EN VEZ DE JUGAR UN PAPEL, HA JUGADO UN **TRAPO** EN LA HISTORIA DE LA HUMANIDAD

TOMÁ, PENSABA QUEDARME CON EL VUELTO DE LA PANADERÍA PARA COMPRARME CARAMELOS, PERO NO PUDE

¡Y TODO POR EL MALDITO INQUILINO QUE EMPEZÓ CONQUE *ESO ESTÁ MUY MAL*, Y QUE *NO SE HACE*, Y QUÉ SÉ YO!

¿INQUILINO? ¿QUÉ INQUILINO?

ÉSE QUE UNO TIENE ADENTRO

¿VOS NO SENTÍS A VECES COMO SI ADENTRO TUYO TUVIERAS UN INQUILINO QUE TE DICE COSAS?

CLARO

PERO NO ES NINGÚN INQUILINO, SINO LA VOZ DE LA CONCIENCIA LA QUE A TODOS NOS DICE COSAS, COMO A VOS

COMO A MÍ, ¡SÍ!...¡MIRÁ SI A UN GENERAL SU CONCIENCIA VA A ATREVERSE A TUTEARLO!

ALMACÉN "DON MANOLO"

DECIME, MANOLITO, ¿A VOS TU CONCIENCIA TE HABLA MUY A MENUDO?

EH....SSÍ.....LOS OTROS DÍAS ME SALIÓ CONQUE LA SALUD ESTO, QUE LA SALUD AQUELLO....

¡PERO MENOS MAL QUE NO LE HICE CASO, PORQUE AL FIN LA GENTE COMPRÓ IGUAL TODAS ESAS BENDITAS LATAS DE CONSERVA!

¿OÍSTE HABLAR DE LA VOZ DE LA CONCIENCIA, MIGUELITO?

SÍ

¿Y LA TUYA CÓMO

¡AFÓNICA!

BUENO, DESPUÉS DE TODO, EL RANKING DE LOS FRACASADOS NUNCA EMPIEZA CON GENTE ASÍ

BUENO, ¿Y CÓMO HACE UNO PARA PEGARSE ESTO EN EL ALMA?

A MÍ TAMBIÉN ME LASTIMA EL ALMA VER GENTE POBRE, ¡CREEME!

POR ESO CUANDO SEAMOS SEÑORAS NOS ASOCIAREMOS A UNA FUNDACIÓN DE AYUDA AL DESVALIDO

¡Y ORGANIZAREMOS BANQUETES EN LOS QUE HABRÁ POLLO Y PAVO Y LECHÓN Y TODO ESO!... ASÍ RECAUDAREMOS FONDOS

...PARA PODER COMPRAR A LOS POBRES HARINA Y SÉMOLA Y FIDEOS Y ESAS PORQUERÍAS QUE COMEN ELLOS

MI ABUELITO SE PASA EL DÍA REPITIENDO QUE EN SUS TIEMPOS SE VIVÍA MEJOR QUE AHORA

Y QUE LA GENTE ERA MÁS BUENA Y MÁS FELIZ

LO MEJOR ES NO HACERLE CASO, MIGUELITO

¡SI YA LO SÉ!.... LO REPITE TANTAS VECES QUE ¿QUIÉN VA A HACERLE CASO, NO?

¡CLARO!

MI ABUELITO SE PASA EL DÍA REPITIENDO QUE EN SUS TIEMPOS SE VIVÍA MEJOR QUE AHORA. Y QUE LA GENTE ERA MÁS BUEN

DECIME, PAPÁ, ¿EN TUS TIEMPOS SE VIVÍA MEJOR QUE AHORA?

BUENO..... NO HABÍA TANTAS ARMAS NUCLEARES, NI TANTA SUBVERSIÓN, NI TANTOS LÍOS RACIALES..... ¿QUÉ QUERÉS QUE TE DIGA?

QUERÍA QUE ME DIJERAS QUE ESTOS TODAVÍA SON TUS TIEMPOS, PERO VEO QUE YA ESTÁS MEDIO ¡ÑÁC!

¿TE COMENTÉ QUE MI HERMANITO YA GATEA, FELIPE?

¡LE DIJE A MAMÁ QUE ES UNA BARBARIDAD QUE TE HAYA ENCERRADO ASÍ!

¡Y LE HABLÉ DE ATROPELLO A LA LIBERTAD INDIVIDUAL Y DE LA DECLARACIÓN DE LOS DERECHOS HUMANOS! ¡SÍ SEÑOR!

PERO PARECE QUE NADA DE ESO TIENE ALGO QUE VER CON COMERSE LA TIERRA DE LAS MACETAS, GUILLE

¡NO HAY CASO!; ¡POR MÁS QUE LA MAESTRA LO EXPLIQUE YO NO ENTIENDO LO DEL SUJETO Y EL PREDICADO!

ES FÁCIL, MIGUELITO; SI YO DIGO, POR EJEMPLO, *"ESA BASURA AFEA LA CALLE"*, ¿CUÁL ES EL SUJETO?

¿EL INTENDENTE?

MIGUELITO TIENE DIFICULTADES CON EL SUJETO Y PREDICADO

¡ES QUE EN LA ESCUELA SE VIENEN CON CADA COSAS!

AYER A LA MAESTRA SE LE OCURRIÓ HACERNOS UNA PRUEBA ORAL DE VELOCIDAD MENTAL

- "¿QUÉ ES TAL COSA?"
- "¡ZUUUUUUUUM!"
- "¿QUÉ ES TAL OTRA?"
- "¡ZUUUUUUUUUM!"

¿Y VOS CÓMO RESPONDISTE?

COMO UN PEATÓN DEL RAZONAMIENTO

CUANDO SEA GRANDE VOY A SER ESTRELLA DE CINE Y TV ¿TE IMAGINÁS? ¡SALDRÉ EN LAS REVISTAS Y TODO!

CLARO QUE ESO DE ANDAR CASÁNDOME Y DIVORCIÁNDOME Y VUELTA A CASARME Y LUEGO A DIVORCIARME, NO ME GUSTA NADA....¡NO!

¡MEJOR SERÁ TENER UN MARIDO FIJO, Y MUCHOS HIJITOS, Y SER UNA BUENA AMA DE CASA Y CHAU!

REPUESTA DE SU DESENGAÑO POR EL AUMENTO DEL TOMATE, SUSANITA ENCARA CON VALENTÍA EL PORVENIR

ESO SÍ.....¡JAMÁS SALDRÉ EN LAS REVISTAS!

ME PREGUNTO SI CUANDO MI MAMÁ ERA CHICA QUERRÍA SER LO QUE ES AHORA

¡MAMÁ!....

¡QUÉ QUERÉS!

NADA, IBA A COMENTARTE DE UN CHICO AL QUE CASI LE PASA NO SÉ QUÉ CON EL DEDO Y UN VENTILADOR, PERO NO IMPORTA

BUENO, Y AL FINAL, ¿QUÉ DEBERES HAY QUE HACER PARA MAÑANA?

ESPERÁ, A VER...

UNA COMPOSICIÓN SOBRE *"EL MUNDO DEL PORVENIR"*

Y TRAER UNAS ORACIONES CON EL FUTURO DEL VERBO *VIVIR*

1025

¿UNAS ORACIONES O UNAS PLEGARIAS?

CADA DOS POR TRES MI MAESTRA NOS HABLA DE CUÁNTO LE DEBEMOS A LOS ÁRBOLES

SOMBRA EN VERANO, LEÑA EN INVIERNO, MADERA PARA CONSTRUIR CASAS, BARCOS, MUEBLES Y UN MONTÓN DE COSAS MÁS

1026

POR ESO NOS DICE SIEMPRE QUE TODO EL MUNDO DEBE CUIDAR Y RESPETAR A LOS ÁRBOLES

¿Y QUE NUNCA FALTA UN REVISIONISTA, NO SE LOS DIJO?

¡ES DE NO CREER! ¡LA MUY DESFACHATADA SE CASA VESTIDA DE BLANCO! ¿DÓNDE SE HA VISTO?

¿CÓMO DÓNDE? ¿NO ES LO NORMAL EN TODOS LADOS?

¡¿O ESTAREMOS ANTE EL BOOM DE LA DESFACHATEZ?!

MAMÁ, ¿POR QUÉ HABIENDO TANTOS COLORES, TODAS LAS NOVIAS SE CASAN DE BLANCO?

BUENO, PORQUE EL BLANCO ES LO LIMPIO Y LO PURO. UNA NOVIA QUE NO VISTA DE BLANCO ES..... QUÉ SÉ YO.....

¿UNA ESPECIE DE NOVIA CON BASURITA?

¿VISTE EN TV ESE AVISO DE UN NUEVO JUEGO PARA ARMAR?

¿CUÁL?

ESE QUE DICE...

¡CHICOS!...¡YA ESTÁ AQUÍ LA FELICIDAD PARA TODOS!

¡AH, SÍ!

BUENO, MIRÁ LA FELICIDAD QUE LE VENDEN A UNO POR TELEVISIÓN

1033

¡QUIÉN IBA A PENSAR QUE ESTE JUEGO PARA ARMAR ERA UNA IDIOTEZ?¡EN EL AVISO POR TV PARECÍA TAN LINDO!...

YA LO DICE EL REFRÁN, FELIPE

"NO ES ORO TODO LO QUE RELUCE"

1034

¡LO ÚNICO QUE NOS FALTA AHORA ES QUE EL SOL SEA UNA BARATIJA!

¿NO TE PARECE QUE MUCHA GENTE COMPRA PORQUERÍAS NADA MÁS QUE PORQUE SE LAS "*VENDEN*" POR TELEVISIÓN?

Y....SÍ, A VECES LOS AVISOS DE LA TV "*VENDEN*" COMO BUENAS, COSAS QUE..... ¡EN FIN!

¡ESO NO LO PUEDO VER!...¡QUE ENGAÑEN A LA GENTE SÍ QUE NO LO PUEDO VER!

HOLA, MANOLITO; DAME ½ KILO DE OREJONES, PERO QUE SEAN BUENOS, ¿EH?

¡CLARO!

?

TENDRÁS QUE TAPARTE LOS OJOS, MAFALDA

¡DÁ-BDÁ! ¡ABBBHBÚÚU! ¡DAB!

¡TAN CHIQUITO, Y FRENTE AL TELEVISOR YA RAZONA **LO MISMO** QUE LA GENTE GRANDE!

EN VENTA
- OCUPADO -
5 CONTINENTES,
2 POLOS Y DEPCIAS.
- IRRESPONSABLES
ABSTENERSE -

¡SALUTE!

ESCUCHÁ LO QUE DICE ESTA REVISTA, MANOLITO: "SEGÚN EL FÍSICO PAKISTANO Abdus. Salam, DE AQUÍ A VEINTE AÑOS...

.....EL MUNDO SUB-DESARROLLADO SEGUIRÁ TAN POBRE Y TAN HAMBRIENTO COMO HOY"

¡ESTE MANOLITO ES PARA MATARLO!

¡AAAAAH!.... ¿VISTE LO BESTIA QUE ES? ¡YO SIEMPRE DIGO QUE ES UN BESTIA!

¡LE LEO QUE SEGÚN UN FÍSICO, DENTRO DE VEINTE AÑOS HABRÁ TANTA GENTE POBRE COMO AHORA,...

...Y ÉL SE ALEGRA DE QUE LAS COSAS SIGAN ASÍ SIN PROGRESOS SOCIALES NI NADA!...¡MIRÁ QUE SE NECESITA SER BESTIA EN SERIO PARA PENSAR COMO ÉL!

¡A MÍ NO ME INSULTA NI VOS NI NADIE!

YA VAN A MEJORAR LAS COSAS, PAPÁ; NO TE HAGAS MALÁ CEJA

HAY COSAS EN LAS QUE EL POBRE AÚN NO APRENDE A MANEJARSE SOLO

PROHIBIDO GIRAR A LA IZQUIERDA

PROHIBIDO FIJAR CARTELES

PROHIBIDO ESTACIONAR

RECONFORTA VER CÓMO POCO A POCO EL HOMBRE HA IDO LOGRANDO DAR RIENDA SUELTA A SU LIBERTAD DE LIMITARSE

¡QUÉ MANÍA! ¡LO ÚNICO QUE SABEN HACER ES PROHIBIR!

DECIME, MIGUELITO, ¿A VOS NO TE INDIGNA ESTE CARTEL?

PROHIBIDO PISAR EL CÉSPED

NO, ¿QUÉ ME IMPORTA? YO TENGO MI PROPIO PASTITO INTERIOR

MAFALDA, LAVATE LAS MANOS Y VENÍ A COMER

¿TE LAS LAVASTE YA?

¡PERO SÍ! ¡TODOS LOS DÍAS LA MISMA HISTORIA!

"LAVATE LAS MANOS PARA TOMAR LA LECHE"

"LAVATE LAS MANOS, QUE YA ESTÁ LA CENA"

¡QUÉ FIJACIÓN CON PILATOS! ¿EH?

BUENAS, SIMPÁTICA ¿ESTÁ TU PAPÁ?

DEPENDE, ¿PARA QUÉ?

PARA OFRECERLE EL EXTRAORDINARIO TÓNICO "NOCALVEX", ÚNICO QUE COMBATE, EVITA Y SUPRIME LA CALVICIE

¿LA CALVICIE DE PELO, O LA CALVICIE DE IDEAS?

¿QUIÉN ERA?

UN INTRASCENDENTE

¿CONVIDARTE? ¡JHA!

¡ESTÁ BIEN!...

¡YA VA A VENIR EL DIABLO A CASTIGARTE POR MALA Y EGOÍSTA! ¡VAS A VER!

¡SLURB! ¡SLURP!

¡CROP! ¡CRUNCH!

¡SCHULIP! ¡SCHULIP!

SE VE QUE NO CONSIGUE TAXI

...¡TE JURO QUE VER AQUELLO ES ALGO QUE A CUALQUIERA LE ENCOGE EL CORAZÓN!

LO DUDO; HOY CASI TODO EL MUNDO LO TIENE SANFORIZADO

¿SABÉS QUE GUILLE YA SE PARA SOLITO?

¿SÍ?

1053

¿SIN AGARRARSE DE NADA?

¡B O N K!

¡BUÁA!

¿QUERÉS CALLARTE? ¡CALLATE TE DIGO!

1054

¡UUUUY!, ¡MIRÁ, LA NENA ES COMO VÓS Y NO LLORA!, ¡QUÉ VERGÜENZA, CÓMO TE MIRA LA NENA!, ¡VA A PENSAR QUE SOS UN LLORÓN! ¿NO ES CIERTO, NENA?

¡NO!

POR SUERTE LA NENA TIENE CONCIENCIA GREMIAL

"NO HAY MAL QUE DURE CIEN AÑOS"

CIEN AÑOS NO SÉ, PERO HAY MALES QUE HACE RATO PEINAN CANAS

"BIEN, AMIGUITOS, EMPECEMOS ESTE CUENTO Y DEJEMOS VOLAR NUESTRA IMAGINACIÓN"

LOS QUE TENGAMOS PLAFOND, CLARO

MAMÁ, ¿QUÉ TE GUSTARÍA SER SI VIVIERAS?

¿A VOS TE PARECE QUE FREGAR TODO EL DÍA EN LA CASA ES VIVIR, SUSANITA?

¿POR QUÉ NO? MI BISABUELA NO HIZO NUNCA OTRA COSA Y TIENE OCHENTA Y TRES AÑOS, ¿QUÉ ME DECÍS?

QUE SI VIVIR ES DURAR, PREFIERO UNA CANCIÓN DE "LOS BEATLES" A UN LONG PLAY DE "LOS BOSTON POPS"

¿VIERON COMO SIN MÍ NO SON NADIE?

CUANDO EL HOMBRE HAYA CONSTRUÍDO ALLÁ MUCHAS CIUDADES LLENAS DE AVENIDAS, RASCACIELOS Y LETREROS TODOS ILUMINADOS, ¿CÓMO SE VERÁ LA LUNA?

SOSPECHO QUE DAMNIFICADA

EL GOBIERNO NO DESOYE LAS RAZONES DE QUIENES CUESTIONAN LA CITADA LEY....

PERO ADVIERTE QUE LOS INTERESES DE NINGÚN SECTOR PODRÁN IMPEDIR QUE SE LA APLIQUE CON TODO RIGOR

¡LO QUE ES TENER EL CHUPETÍN POR EL PALITO! ¿EH?

VOY A VER TU PORVENIR, FELIPE. SACÁ UNA CARTA

AHORA DATE VUELTA Y FROTALA EN TU NARIZ DICIENDO "CONJURO, CONJURO, TE TRASPLANTO MI FUTURO"

"CONJURO, CONJURO, TE TRASPLANTO MI FUTURO"

AHORA DÁMELA REPITIENDO "UKA-UKA"

"UKA-UKA"

BIEN, VEO QUE TU PORVENIR ES EL DE UN ESTÚPIDO DISPUESTO A HACER CUALQUIER IDIOTEZ QUE LE PIDAN

¡PST!...MAFALDA, SACÁ TU CARTA Y CONOCERÁS EL FUTURO

TONTERÍAS, SUSANITA; HACE RATO QUE LA **UN** SACÓ LA SUYA Y MIRÁ LO DESPISTADA QUE ANDA

DICE MI MAMÁ QUE NO TRAIGAS EL PEDIDO, MANOLITO, PORQUE LA SEMANA QUE VIENE NOS VAMOS DE VERANEO

ENTIENDO

¡JHÁ!

¡SI HACE UNOS AÑOS YO VEÍA EN LA PLAYA A ALGUIEN CON **ESTO**, HUBIERA PENSADO: *ESE TIPO ES LOCO!*

¡ANDA, EXAGERADO!

¿TANTA PUNTERÍA TENÍAS PARA ACERTAR DIAGNÓSTICOS?

¡AAAAH! ¡POR FIN ESTAMOS AQUÍ!

¡OTRO!...

ES CURIOSO; CUANDO UNO VE A LA GENTE DE VACACIONES...

.........PARECE QUE NADIE TUVIERA LA CULPA DE NADA

...Y EN TERCER LUGAR HICISTE MAL AL DEJAR QUE.....

1067

...Y EN DÉCIMOSEGUNDO LUGAR....

1068

¡HOLA! ¿CÓMO TE LLAMÁS?

MARÍA ALEJANDRA DEL PILAR UGARTE LACLÓS

¡POBRE! ¿TE IMAGINÁS EL TIEMPO QUE TENDRÍAS EN TU VIDA PARA DECIR COSAS SI TE LLAMARAS MÁS CORTO?

¡DIOS MÍO, QUÉ PARECIDO A UN CABLE URGENTE DE ÚLTIMO MOMENTO!

¡EH! ¿QUÉ HACÉS?

NADA, ES QUE TE HABÍA ENTRADO UNA BIKINI EN EL OJO

CUANDO UNO PIENSA QUE COMPARADA CON EL UNIVERSO LA TIERRA ES TAN CHICA COMO ESTE GRANITO DE ARENA

..SE DA CUENTA QUE LOS SERES HUMANOS SON APENAS MICROBIOS DIMINUTOS, ¿NO?

¡NO!

ESCUCHÁ, GUILLE ¿QUÉ OÍS?

TUT- TUT- TUT- TUT- TUT- TUT......

¡PA'H!.... ¡UNO VUELVE DEL VERANEO SINTIÉNDOSE OTRO!

2073

¡MIRÁ VOS, Y ESTOS INGENUOS HAN ESTADO MANDANDO CUENTAS A NOMBRE DEL QUE ERAS ANTES!

©QUINO

¡CONTAME DE LA PLAYA, MAFALDA! ¿TU MAMÁ SE ENAMORÓ DEL BAÑERO?

¿DEL BAÑERO?

1074

¡ESTÚPIDA! ¡CON LO HERMOSOS QUE SON LOS BAÑEROS!....¡Y VOS NI LO VISTE!

SÍ, LO VI, PERO NO SE ME OCURRIÓ FIJARME SI ERA HERMOSO. LO QUE SÍ PENSÉ ES QUE MIENTRAS ÉL CUIDABA UNAS POCAS VIDAS SE ESTABAN FABRICANDO MILES DE BOMBAS QUE...

¿SUSANITA?

©QUINO

PUES SÍ, MI PAPÁ PIENSA QUE NO HAY MEJORES VACACIONES QUE EL TRABAJO

¡CLARO! VERANEANDO GASTARÍA, EN CAMBIO TRABAJANDO GANA DINERO

¡DINERO! ¿Y LA SALUD?.....¡PORQUE UNA COSA ES EL DINERO Y OTRA LA SALUD!

¡¿¿CÓMO??!

DURANTE MIS VACACIONES NO LEÍ CASI NINGUNA REVISTA DE ACTUALIDAD, ASÍ QUE ME ESTOY PONIENDO UN POCO AL DÍA

Y ENCONTRÉ AQUÍ UNA FRASE, FELIPE..... ¡QUÉ FRASE!

¿QUÉ FRASE?

"ES MÁS DIGNO MORIR DE PIE QUE VIVIR DE RODILLAS"

Y DIGO YO..... ¿SERÁ MUY DESHONROSO SUBSISTIR SENTADOS?

SI NO TENÉS OTROS PLANES VAMOS A LA PLAZA A JUGAR A LOS BALAZOS ¿EH?

PENSABA QUEDARME VIENDO "EL MARAVILLOSO MUNDO QUE NOS RODEA"

EL MARAVILLOSO MUNDO QUE NOS RODEA

PERO ¡SEA!, VAMOS A ENFRASCARNOS CON LA REALIDAD

¡YA ESTÁ! ¡YO ERA UNA BELLA Y TERRIBLE GANSTERESA! ¡Y CAPITANEABA UNA FEROZ BANDA!

¿GANSTEQUÉ?

AUNQUE EN EL FONDO NO ERA MALA, NO. ERA SOLO..... UN PRODUCTO SOCIAL, ¡ESO!

¡UNA POBRE VÍCTIMA MÁS DE ESTA SOCIEDAD CRUEL, MALVADA, ANÓNIMA, COMERCIAL, INDUSTRIAL, FINANCIERA!...

Historia Nacional

BIEN, MIS QUERIDAS; YA EN AÑOS ANTERIORES UDS. HAN IDO APRENDIENDO CÓMO FUE FORJÁNDOSE LO QUE HOY CONSTITUYE LA ESENCIA MISMA DE NUESTRA NACIONALIDAD ¿VERDAD?

¡YEAH!

¿QUÉ TAL TU MAESTRA EN ESTA PRIMERA SEMANA DE CLASES, MANOLITO?

NO PARECE MALA; NOS HABLÓ MUCHO SOBRE LO QUE ES LA INSTRUCCIÓN

Y NOS DIJO QUE LA ESCUELA ES UN TEMPLO DEL SABER

ASÍ QUE VEREMOS SI ESTE AÑO LE PESCO LA VUELTA A LA LITURGIA

...ASÍ LE CONTÓ A MI MAMÁ LA GORDITA DE LA PANADERÍA QUE ANDA CON EL HIJO DE LA SEÑORA DEL TERCERO B, ESE QUE ESTUDIA DE NOCHE PORQUE DE DÍA TRABAJA PARA...

...AYUDAR EN LA CASA, ¡POBRE!, QUE SI AL PADRE NO LE GUSTARA TANTO EL HIPÓDROMO NO TENDRÍA NECESIDAD NI LE DEBERÍAN TODO LO QUE LE DEBEN AL CARNICERO, QUE ACABA DE........

...COMPRARSE UN TAXI, EL CARNICERO, MIRÁ VOS; SE LO MANEJA EL CUÑADO CASADO CON LA MODISTA QUE ANTES NOVIABA CON EL PELIRROJO AQUEL QUE TUVO UN BUEN LÍO CON.

JAQUE MATE, SUSANITA

¿POR QUÉ ESTA MALA PATA? ¿POR QUÉ?

¡MI PAPÁ TODOS LOS DÍAS LO MISMO!...

"BUEN DÍA - HASTA LUEGO"
"HOLA, ¡PUF, QUÉ CANSANCIO! ¿ESTÁ LA CENA? ¡AAAH!... ¡POR FIN LA CAMA! ¡BUEH!... HASTA MAÑANA"

Y MI MAMÁ: "¡NO RAYES EL PARQUET! ¿OTRA VEZ CON LOS ZAPATOS SOBRE EL SILLÓN? ¡NO DESTROCES LA ROPA! ¡A VER ESAS OREJAS!"

FRANCAMENTE NO SÉ QUÉ HARÍA YO SIN MÍ

¡MAMÁ, MAFALDA SE QUEDA A TOMAR LA LECHE!

BUENO

ESO SÍ, A MI MAMÁ NO LE GUSTA QUE UNO DEJE ENFRIAR LA LECHE

ASÍ QUE CUANDO NOS LLAME NO LA HAGAMOS ESPERAR MÁS DE DOS O TRES MUERTOS

VAS A VER QUÉ LINDO AFICHE ME CONSIGUIÓ MI PAPÁ PARA MI PIEZA, MANOLITO

¿NUNCA TE CONTÉ DE MI TÍO EL QUE ESTORNUDÓ EN UN BAZAR?

LINDO, ¿EH?

SÍ, ME LO TRAJO MI PAPÁ, Y ME DIJO....

GRECIA ANTIGUA, MAFALDA. LA CUNA DE NUESTRA CIVILIZACIÓN

PARECE QUE LUEGO CAYÓ EN MANOS DE UNOS BESTIAS PARA EL ARRORRÓ

¡AH, EL PARTENÓN! LEÍ POR AHÍ POR QUÉ ESTÁ TAN ROTO

¿POR QUÉ?

PORQUE NO SÉ EN QUÉ SIGLO LOS TURCOS LO UTILIZARON COMO POLVORÍN DURANTE UNA GUERRA

HASTA QUE UN CAÑONAZO ENEMIGO....

¡BOOM!

¡MODERNOS, LOS ANTIGUOS! ¿EH?

GRECIA

COMO PASADO ESTÁS MUY BIEN, PERO SOS TODO RUINAS

EN CAMBIO EL FUTURO ESTÁ TODAVÍA SIN CONSTRUIR; POR ESO LE TENEMOS FE

PORQUE UNO LO MIRA Y NO VE RUINAS

SI VIERAS LO QUE OCURRE EN EL CANAL DE AL LADO SE TE MARCHITA EL VIOLÍN

1. En la composición del suelo entran di... elementos: **arena, arcilla, sustancias calcáreas** y **mus.** 2. El **humus** o tierra negra se ha formado con restos de animales o plantas acumulados dura muchísimos años. 3. Los suelos **arenosos** dejan pa... el agua con facilidad; son **permeables.** 4. Los su... **arcillosos** no dejan pasar el agua; son **impermea...** 5. Los suelos **humíferos** absorben el agua. **Est...**

2. El **tallo,** por lo general, sigue a la raíz, transp... la savia y sostiene las ramas, hojas, flores y fru... 3. Las **hojas** son los pulmones de la planta, pues ellas respira. 4. La **flor,** cuando es completa, tiene parte de **pétalos,** blancos o coloreados (la corol... un conjunto de hojitas verdes (el **cáliz**). 5. Las f... se transforman en **frutos,** y en éstos están conten... las **semillas** que, sembradas nuevamente, dar... gen a plantas iguales.

1. El calor del sol **evapora** (convierte e... invisible) el agua de los océanos, mares, río... 2. El **vapor,** liviano y caliente, sube hasta enco... capas de aire más frío y se convierte en pequeñísi... gotitas de agua que forman las **nubes.** 3. Cuando muchas, muchísimas gotitas, o las nubes encuen... capas aún más frías, se forman gotas mayores caen, en forma de **lluvia** o **nieve** a la tierra.

嬴錢到了 時正五點...
像了!都市的人，忽然它也...
我們由於住在高地每次實行...
黃昏來到來之時休息，要洗...
七神神救護說家案前向高興...
家宋出道結準見下喊嘈...
來軍上道復不人...
交見，都見島交於公路田村內...
在喊嘈聲音...

岡崎鐵塔 ...
東京一百二十度二十四分
三度二...

¡NO, GUILLE, NO!

ESO NO SE TOCA, PORQUE SOS MUY CHIQUITO Y PODÉS ROMPERLO Y ES DE CRISTAL MUY CARO Y.....

....

¡DIOS MÍO, QUÉ MANERA DE DECIR ADULTECES!

YEAH YEAH YEAH

YEAH, YEAH, YEAH

YE.... ¡BONK!

QUÉ, ¿NUNCA OÍSTE TERMINAR UNA CANCIÓN?

ESCUCHE, AGENTE; UD. CUIDE TODO EL BARRIO, PERO MI CASA NO, ¿SABE?

¿POR QUÉ TU CASA NO?

PORQUE LA VIDA TIENE MUCHAS VUELTAS

SUPONGA QUE EL DÍA DE MAÑANA YO ESTUDIE EN LA UNIVERSIDAD; SUPONGA QUE SE ARMA ALGÚN LÍO Y USTED Y YO NOS ENCONTRAMOS,

¿CON QUÉ CARA LE ENCAJO ADOQUINAZOS A QUIEN CUIDÓ MI CASA?

¡HIJITOS!....¡ESO ES LO ÚNICO QUE YO LE PIDO A LA VIDA!

PORQUE EL DEPARTAMENTO, EL AUTO, LA HELADERA, EL LAVARROPAS, EL TELEVISOR Y TODO ESO PIENSO PEDÍRSELO A MI MARIDO, NO CREAS QUE SOY ESTÚPIDA

¿SABÉS QUE EN LA OTRA CUADRA PONEN UNA JUGUETERÍA?

¿SABÉS QUE EN LA OTRA CUADRA PONEN UNA JUGUETERÍA?

¿SABÉS QUE EN LA OTRA CUADRA, AL LADO DEL SASTRE QUE LE HIZO EL TRAJE DE CASAMIENTO AL HIJO DE LA MANICURA Y LA NOCHE DE LA BODA QUERÍA COBRÁRSELO EN LA IGLESIA PORQUE EL OTRO SE HABÍA HECHO EL BURRO Y SE ARMÓ UNA BATAHOLA EN LA QUE SE METIÓ HASTA LA MADRINA QUE DICEN QUE LES HIZO UN REGALITO DE MORONDANGA Y ESO QUE COBRA LA PENSIÓN DEL MARIDO MÁS LO QUE SACARÁ DEL ALQUILER DE LA PIECITA DE LA TERRAZA AL RENGUITO QUE ARREGLA RADIOS, PONEN UNA JUGUETERÍA?

¡MÚF!... ¡MALDITO TRABAJO! ¡VOY A DESCANSAR UN POCO AQUÍ!

VENÍA VER FELIPE, ¡POBRES HORMIGAS!... SE DESLOMAN DALE QUE DALE TRABAJANDO TODA SU VIDA, ¿Y TOTAL PARA QUÉ? PARA TENER HIJOS-HORMIGAS QUE A SU VEZ SE DESLOMARÁN DALE QUE DALE TRABAJANDO...

TODA SU VI....

¡SFÑIG!

¡MIRÁ QUE HAY GENTE RARA! ¿EH?

ANOCHE SOÑÉ QUE YO ESTABA EN LA **UN**, O ALGO ASÍ

¿CÓMO "ALGO ASÍ"?

ALGO ASÍ COMO LA **UN**

¿PERO ERA O NO ERA LA **UN**?

Y, ERA UN GRAN RECINTO LLENO DE DELEGADOS DE MUCHOS PAÍSES; ¡ESO ERA LA **UN**!

¿POR QUÉ **ERA**?

¿SE FUNDIÓ LA **UN**?

¡PERO NO, MIGUELITO!

¡AH!

CREÍ QUE NOS HABÍAMOS QUEDADO SIN LOS SIMPÁTICOS INOPERANTES

¡ESTO NO ES PARA VOS, GUILLE! ¡SE ACABÓ!

 ¡POBRE GUILLE, EN LO MEJOR DE UNA SERIE MI MAMÁ LE DESENCHUFÓ EL TELEVISOR! ¿Y A QUE NO SABÉS QUÉ HIZO ÉL? ¿QUÉ?

 SE PUSO A MIRAR POR LOS AGUJERITOS DEL TOMACORRIENTE CREYENDO QUE POR AHÍ PODÍA VER IGUAL

 ¡POBRE!

 ¡COMO SI AL TAMAÑO EN QUE VIENEN LAS FIGURAS POR EL CABLE, ALGUIEN PUDIERA VER ALGO!

¡MIRE SI UNO VA A QUEMARSE POR UNOS PESOS ROÑOSOS!

NO QUIERO IMAGINAR LA HOGUERA SI LOS BILLETES FUERAN APROBADOS POR SALUD PÚBLICA

¡MIRÁ QUÉ FOTO DE LA LUNA VOY A PONER EN MI PIEZA!

¡QUÉ FANTÁSTICA!

¡MIRÁ QUÉ FOTO DE LA LUNA VOY A PONER EN MI PIEZA!

¡QUÉ BÁRBARA!

¡MIRÁ QUÉ FOTO DE LA LUNA VOY A PONER EN MI PIEZA!

¡QUÉ ASCO DE CUTIS, LA LUNA!

¿QUÉ PASA, FELIPE? A ESE PASO VAS A LLEGAR TARDE A CLASE

PASA QUE NO TODOS VAMOS A LA ESCUELA POR LA VEREDA DE LA VOCACIÓN

DECIME PAPÁ, ¿CUÁNDO VOS ERAS CHICO NUNCA TE PUDRISTE DE LA ESCUELA?

¿CÓMO SE TE OCURRE!? ¿DE LA ESCUELA?!

¡SÍ, DE LA ESCUELA Y LA MAESTRA Y LAS CUENTAS!...

¡LAS CUENTAS!

Y LAS ORACIONES, SÍ, Y LOS MAPAS Y LA GEOMETRÍA Y LOS DICTADOS Y...

ELLA EMPEZÓ

¡QUE LEVANTEN LA MANO LOS QUE ESTÉN HARTOS DE VER EL MUNDO MANEJADO CON LOS PIES!

CUESTA JUNTAR ÁNIMOS PARA BAJAR AL MUNDO

SE TERMINÓ DE IMPRIMIR EN LOS TALLERES
DE "LITOGRÁFICA INGRAMEX, S.A. DE C.V."
CENTENO 162-1, COL. GRANJAS ESMERALDA, 09810,
MÉXICO, D. F. EN EL MES DE ENERO DE 2016.